I0152035

Extrait des Mémoires de la Société impériale d'Agriculture, de Sciences et d'Arts,
séant à Douai, tome VIIᵉ de la 2ᵉ série.

DES

BEAUX-ARTS

ET DE

LA LITTÉRATURE

AU POINT DE VUE DE L'ENSEIGNEMENT POPULAIRE

PAR H. CORNE

Ancien Député, Membre honoraire de la Société.

DOUAI

LUCIEN CRÉPIN, ÉDITEUR

Imprimeur des Sociétés scientifiques et littéraires de Douai

FOURNISSEUR DE LA FACULTÉ DE DROIT

32, Rue des Procureurs, 32.

1866

DES

BEAUX-ARTS ET DE LA LITTÉRATURE

Au point de vue

DE L'ENSEIGNEMENT POPULAIRE.

1866

Extrait des Mémoires de la Société impériale d'Agriculture, de Sciences et d'Arts, séant à Douai, tome viiie de la 2e série.

DES

BEAUX-ARTS

ET DE

LA LITTÉRATURE

AU POINT DE VUE DE L'ENSEIGNEMENT POPULAIRE

PAR H. CORNE

Ancien Député, Membre honoraire de la Société.

DOUAI

LUCIEN CRÉPIN, ÉDITEUR

Imprimeur des Sociétés scientifiques et littéraires de Douai

FOURNISSEUR DE LA FACULTÉ DE DROIT

32, Rue des Procureurs, 32.

— 1866 —

DES

BEAUX-ARTS ET DE LA LITTÉRATURE

Au point de vue

DE L'ENSEIGNEMENT POPULAIRE. (*)

I.

Le degré de civilisation où nous sommes arrivés et les principes mêmes sur lesquels repose notre organisation sociale rendent incontestable, à mon sens, qu'il faut tendre à faire participer au bienfait des connaissances artistiques et littéraires même les plus modestes travailleurs. Le progrès humanitaire et les mœurs publiques ne peuvent que gagner beaucoup à ce que le grand nombre ne répudie par aucun point sa part d'héritage dans le domaine intellectuel.

Au reste, je n'ai l'intention de rien exagérer. Des conférences publiques sur les éléments généraux des arts et de la littérature ne sauraient en aucune façon prétendre à faire des hommes véritablement instruits, des lettrés, de

(*) Cette étude a fait la matière de deux conférences publiques organisées à Douai, en 1865, par la Société impériale d'agriculture, sciences et arts.

fins connaisseurs en matière d'art. Aussi notre ambition
est-elle plus modeste. Du côté scientifique, nous ne visons
qu'à vulgariser, au profit du grand nombre, au profit de
ceux dont la jeunesse, absorbée par le comptoir ou par
l'atelier, a été privée de l'instruction libérale de nos collè-
ges et de nos lycées, qu'à mettre, disje, à leur portée
les connaissances toujours bien sommaires et incomplè-
tes qu'un homme du monde recueille à la longue du fruit
de ses lectures et de ses études. Du côté moral, à dire vrai,
notre horizon s'agrandit, notre but s'élève : il y a du bien
à faire ; et ce bien, il doit s'adresser à ceux de nos concitoyens
qui méritent le plus, par leur condition même nos sympa-
thies et notre sollicitude.

Mais ici je rencontre l'opinion commune qui ne m'accor-
dera pas facilement, que les arts et les lettres soient de leur
nature accessibles aux hommes de toutes les conditions.
« Pour s'intéresser aux lettres et aux arts, nous dira plus
d'un grave contradicteur, pour se complaire aux jouissances
tout intellectuelles qu'ils peuvent donner, pour en bien saisir
les côtés délicats et élevés, il y a des conditions d'éducation,
d'instruction, de milieu social qui ne se rencontrent pas
chez les hommes auxquels principalement vous vous adres-
sez. D'un autre côté les règles du beau langage, les principes en fait d'art et de goût, les types les plus parfaits,
les incomparables modèles dans tous les genres de produc-
tions intellectuelles et artistiques, c'est l'antiquité grecque
qui nous les offre. Mais comment remonter à cette source
sacrée, comment se mettre en rapport avec les beaux génies de l'antiquité, comment connaître et goûter leurs
chefs-d'œuvre, si l'on ne sait pas les langues anciennes, si
l'on n'a pas la clé des lettres grecques et latines ?

« Enfin n'est-ce pas surtout, à dire franchement les choses, une vie de loisirs qui rend possible la culture étendue de l'intelligence ? les jouissances artistiques et littéraires ne sont-elles pas essentiellement le lot de ces enfants gâtés de la civilisation qui ont pu, dès leur jeunesse, aiguiser et fortifier toutes leurs facultés par l'étude et la réflexion, par l'habitude de la conversation et de la lecture. Comment dès lors de modestes travailleurs, absorbés par les soins et les nécessités de la vie matérielle, s'élèveraient-ils d'un premier effort à ce niveau, comment trouveraient-ils en eux inopinément toutes les aptitudes que supposent le goût et la culture des lettres et des arts ? »

Voilà certes les objections dans toute leur force. Eh ! bien, elles ne m'ébranlent pas, car j'ai une foi robuste. Quand il s'agit de la diffusion des lumières au profit de tous, je sens en moi quelque chose qui résiste aux arguments spécieux, j'entends une voix intérieure qui me dit : « Non, l'équitable Providence n'a pas attaché à la culture de l'esprit tant de valeur et de si pures jouissances, pour que ce fut un privilège, un monopole départi seulement à quelques-uns. Non, elle n'a pas voulu que le grand nombre, que ceux-là même qui portent le plus péniblement le poids de la vie, fussent privés de ce puissant moyen d'allégement, d'amélioration intime, de rehaussement de la dignité humaine dans les sentiments et dans les habitudes ! »

Cependant, avant tout, je veux rester dans le vrai. J'accorde sans difficulté que l'homme des classes le plus favorisées par la naissance et la fortune trouvera toujours, (s'il sait en profiter) trouvera, dis-je, dans son éducation soignée, dans l'instruction classique qu'il a reçue complète, et dans les occupations douces et les habitudes distinguées au milieu desquelles sa vie s'écoule, les conditions les plus favorables, les stimulants les plus actifs, les auxiliaires les plus utiles pour arriver à la pleine possession des plaisirs littéraires et artistiques.

Mais étudions bien la nature de l'homme. Consultons les faits qui se produisent autour de nous, ou que le passé nous a transmis, et nous ferons moins grande, quant à l'aptitude aux exercices intellectuels, la part de l'éducation et du milieu social, bien plus grande celle de l'intelligence départie à chacun de nous, bien plus grande celle de la volonté qui met cette intelligence en œuvre.

L'instruction classique sans doute développe les facultés de l'esprit et la sensibilité de l'âme. mais elle ne les donne pas. Il faut toujours en revenir à l'étincelle première que Dieu a mise en nous, et grâce à laquelle même l'homme le plus simple est capable de s'élever au niveau des esprits d'une culture soignée. Cette précieuse étincelle, que de fois elle nous frappe chez de pauvres enfants du peuple dans les ateliers, dans la rue même, ou chez le laboureur, sous son enveloppe rustique! Croyons-le bien, ces natures primitives ont en elles ce qu'il faut pour chercher le vrai, pour le reconnaître, pour l'aimer. Dieu leur a donné comme à nous la raison, le bon sens, ce guide infaillible, plus sûr que l'esprit.

Le goût lui-même est une affaire d'organisation et d'instinct individuels bien plus que d'éducation et d'habitude. C'est ce que Boileau appelait *l'influence secrète*, ce je ne sais quoi qui fait les poètes et les artistes, et à un degré moindre d'intensité, les connaisseurs en fait d'art et de poésie.

Cela se voit bien surtout dans les écoles publiques ou-

vertes aux enfants de toutes les conditions. Dans une classe
de musique, il arrive tous les jours qu'une parfaite sûreté
et délicatesse d'oreille, qu'une remarquable aptitude à saisir la science des accords, qu'une sensibilité exquise pour
la mélodie se révèlent chez le fils de pauvres ouvriers qui
n'a fait encore qu'un rude apprentissage de la vie ; ailleurs
c'est le sentiment de la ligne et du dessin, c'est la justesse
du coup d'œil, l'amour des arts plastiques qui se dénotent
chez un adolescent qui n'avait jamais entendu parler jus-
que-là de peinture et de statuaire.

Cette sensibilité naturelle, qui s'impressionne de ce qui
est beau, harmonieux, pathétique, peut exister et existe
indépendamment de toute culture. Ne voyons-nous pas que
ce sont les hommes le plus près de la nature et encore naïfs dont
l'imagination s'ébranle le plus aisément quand ils sont mis en
présence de grandes choses? Ils aiment passionnément les
cérémonies, les pompes, les spectacles émouvants. La vue
des merveilles de la civilisation, des magnificences de l'art
les jette dans une sorte de stupéfaction. Ils ont donc, quoique ignorants, une âme ouverte à l'impression du beau,
qu'il soit dans la nature ou qu'il soit reproduit dans les
œuvres de l'homme.

Rencontrerai-je sérieusement la prétention qui voudrait
faire de l'étude des langues mortes une condition *sine quâ
non* pour les connaissances à acquérir, en fait d'art et de
littérature, pour l'attrait qu'on peut y trouver? Non, vraiment, et je puis certes m'en dispenser, quand je vois l'écla-
tant démenti que l'exemple des femmes donne á cette
théorie surannée.

Est-ce que les femmes affranchies, d'après nos mœurs,
de la dure loi de passer les plus belles années de la vie à

l'étude des langues mortes, les femmes qui ne se piquent guère en général de savoir du grec et du latin, nous sont donc si inférieures pour les travaux de l'esprit, pour les mérites de la composition et du style. ? — Mais laissons de côté, je le veux bien, les Sévigné, les de Stael, les George Sand, ces femmes de génie faites pour inquiéter notre orgueil masculin, accordons-nous libéralement la supériorité dans la facture d'un livre, dans l'habileté à pratiquer le métier d'auteur, soit. Il restera encore la délicatesse du goût, la sagacité des jugements, la promptitude à saisir le fort et le faible des caractères et des situations, et surtout la sensibilité exquise en présence de la beauté morale fidèlement exprimée et de la passion éloquemment traduite. Eh bien, de ce côté (sachons être justes même dans notre propre cause) les femmes nous valent bien, quoiqu'incapables, je parle du grand nombre, de conquérir, vu le degré de leur instruction, le plus mince diplôme ès-lettres.

Ici, possédé comme je le suis de l'idée que nul homme, quelque modeste que soit sa condition, n'est déshérité des avantages attachés aux arts et aux lettres, je me sens en veine de dire quelques bonnes vérités, de faire un peu de morale à l'adresse de ceux pour qui, dans toute la France, des cours publics sont spécialement ouverts. Cela, j'en suis sûr, me sera pardonné, en raison de la bonne intention et de la franchise que j'y mets. Et cela n'est pas une digression. Je suis au cœur de mon sujet chaque fois que je m'efforce de relever ceux qui s'inclinent trop sous le poids de leur humble condition

Je pense donc qu'en France, la masse de la population en vue de laquelle la sollicitude de l'autorité publique s'efforce de multiplier les moyens d'enseignement, généralement manque trop de confiance en elle-même, qu'elle n'a pas d'elle-même, en fait d'aptitude aux choses de l'intelligence, un assez haute opinion. Un malicieux étranger qui m'entendrait reprocher à mes chers compatriotes, à des Français, de tomber dans l'excès et dans l'abus en fait de modestie, ne manquerait pas de sourire et de me trouver l'esprit passablement paradoxal. Et pourtant je suis dans le vrai! Qu'un satirique relève tout ce qui se peut se trouver chez nous d'envie de sortir de ligne, d'ardeur de briller, de penchant en un mot à s'accorder toutes les petites jouissances de la vanité, peut-être aura-t-il raison, à son point de vue, et en prenant les choses par le côté extérieur. Mais moi, en ce moment, c'est de l'âme du peuple que je m'occupe, et j'y trouve, à vrai dire, des habitudes et des instincts trop timides, trop défiants, en qui touche sa culture morale : je lui reproche de n'avoir ni l'idée assez juste, ni le sentiment assez fier, quant à ce qu'il a le droit et le pouvoir de devenir, à la condition de mettre son plaisir et son honneur à se développer, à se compléter, à se perfectionner lui-même par la lecture, par tous les exercices de l'esprit qui sont à sa portée.

De cette timidité et de cette défiance de soi-même, il ne me serait peut-être pas difficile de découvrir les causes; mais pour cela il faudrait remonter dans un passé lointain, il me faudrait faire des excursions dans un domaine que la spécialité même de ces études m'interdit, je m'en tiens donc au fait lui-même, et je constate avec regret que chez nous, dans le nord de la France particulièrement, la masse des travailleurs acceptait jusqu'ici, avec trop de modestie et une résignation trop apathique, sa condition inférieure en fait de niveau et de culture intellectuels.

Dans nos campagnes et même dans nos villes, quoi de plus commun que de rencontrer des gens qui considèrent l'ignorance comme le lot nécessaire d'une portion de l'humanité, comme une fatalité inhérente à la condition de la foule des hommes obligés pour vivre de faire œuvre de leurs mains! La science est pour eux comme une montagne inaccessible, même dans ses moindres degrés; ils la regardent de loin avec un respect craintif, ils se croiraient des orgueilleux et presque des insensés, s'ils cherchaient à s'en approcher. Malgré les conquêtes de l'idée démocratique, malgré les instincts d'égalité qui sont dans l'air que nous respirons, dès qu'il s'agit d'étude et de savoir, vous ne voyez que gens qui s'offacent, qui déclinent l'honneur d'entrer dans ce domaine réservé, qui se font petits en un mot, comme s'ils semblaient croire que pour être en état de goûter les jouissances de l'esprit il faut être d'une caste privilégiée et habiter une région supérieure.

« Hommes simples et honnêtes, serais-je tenté de leur dire, relevez-vous donc à vos propres yeux! Dieu ne vous a pas faits en vain les rois de la création. Il vous a donné comme à vos frères moins assujettis que vous au labeur de chaque jour, il vous a donné l'intelligence, c'est là le don suprême. Sachez vous en servir ; soyez des hommes de bonne volonté : le reste viendra, n'en doutez point.

» Et d'abord ne croyez pas la science si éloignée de vous, si inabordable, ou plutôt sachez ce qu'elle est pour les autres hommes comme pour vous. La science, c'est la connaissance de cet ensemble de phénomènes et de lois qui constitue le monde matériel et le monde moral. Devant cette immensité tout homme est petit, toute intelligence est bornée. Croyez-le bien, ceux qui, à vos yeux, savent tant de choses, sont eux-mêmes effrayés de tout ce qu'ils ignorent. C'est un aveu sorti cent fois de la bouche de ceux qu'on est tenté d'appeler les maîtres de la science.

» S'agit-il de vous-mêmes, vous dites et répétez avec un abandon et une désespérance hors de propos : — « Nous, nous ne sommes et nous ne serons jamais que des ignorants. C'est notre lot. » —! Eh! bien voilà votre grande erreur! Qui que vous soyez, humbles travailleurs, vous avez défriché pour votre part un coin quelconque du champ infini de la science. Vous savez des choses que les lettrés, les docteurs, les académiciens ignorent, et que parfois ils sont heureux de venir apprendre près de vous, dans vos fabriques, dans vos ateliers domestiques, dans ces plaines où vous menez la charrue.

« Vous savez donc quelque chose ; et ce que vous ignorez, vous pouvez l'apprendre, non certes dans le détail, mille vies humaines mises bout à bout n'y suffiraient pas ; mais enfin rien ne vous empêche, si vous avez patience, bon vouloir et une vie réglée, de vous faire sur la plupart des choses, objet de notre curiosité ordinaire, des notions larges et justes. Mettez-vous à l'œuvre bientôt. Au lieu des ombres épaisses, au lieu de la nuit profonde où ces choses sont maintenant pour vous comme ensevelies, bientôt vous verrez chaque objet s'éclairer d'un jour suffisant pour satisfaire votre première ardeur de connaître, et pour vous montrer la route, si vous aviez intérêt à pousser plus avant.

» Maintenant, me demandez-vous le moyen pratique d'acquérir tant d'utiles notions sur des choses qui vous ont été jusqu'ici étrangères, je vous dirai : « ayez l'esprit curieux, actif, alerte, ne laissant perdre ni une heure de loisir, ni une occasion soit de lire quelque bon livre, soit de faire parler un homme spécial de ce qu'il connaît bien, soit de prendre votre part des cours publics où, à notre époque, la science se distribue si libéralement. Faites cela, et dans le champ si vaste des connaissances humaines vous finirez par avoir votre coin, votre part d'héritage qui ira s'arrondissant et se complétant chaque jour. Voulez-vous que j'admette qu'en ce genre de domaine vous ne défricherez pas beaucoup, que vous ne serez jamais que de petits propriétaires? Eh bien ! la petite propriété n'est pas celle qui est cultivée avec le moins de soin et d'amour, ni celle qui procure le moins de jouissances à qui la possède, ni celle qui profite le moins à la société tout entière. »

Oui, voilà le langage que, volontiers, je tiendrais aux simples travailleurs qui m'accorderaient confiance et qui ne se déplairaient pas à mes conseils.

Peut-être irais-je plus loin pour frapper plus fortement leur esprit, peut-être ne craindrais-je pas de franchir en apparence les limites où je suis enfermé. Profitant même de la juste et profonde émotion qu'un crime horrible et la mort d'un grand homme d'état ont répandue partout, je m'emparerais de cette remarquable figure d'Abraham Lincoln. Certes ce ne serait pas pour montrer en lui le citoyen, l'homme public, le législateur, le chef d'une grande nation. Cela n'est pas de notre domaine. Mais il y a dans Abraham Lincoln une chose qui nous appartient, c'est sa jeunesse pauvre, sans culture. C'est le pain qu'il gagne à la sueur de son front comme bûcheron, comme charpentier, comme portefaix et manœuvre sur les bateaux du Mississipi. C'est, au milieu de cela, son âme fière qui n'accepte pas l'ignorance et l'abaissement comme le dernier mot de sa destinée. C'est son courage indomptable qui, lorsqu'il a

déjà vingt ans, le fait apprendre à lire, à écrire, qui le
fait tenir une petite école, être élève chez un praticien,
apprendre les lois civiles et commerciales de son pays, l'é-
conomie politique, le droit public, aborder les luttes du
barreau, conquérir enfin pied à pied toute la science du
légiste et de l'homme d'état. Ou je me trompe bien, ou
c'est là un de ces modèles qu'il fait bon de mettre en lumière aux yeux des travailleurs pour leur prouver, sans ré-
plique, qu'une jeunesse rude et inculte, des mains calleuses,
des muscles durcis au travail n'empêchent pas, si on le
veut bien, l'essor de la pensée et la victoire complète de
l'esprit sur la matière.

J'arrive à l'objet direct de cette étude, l'origine des arts
et des lettres et les affinités qu'ils ont avec les instincts na-
turels des hommes même étrangers à toute culture.

II.

Si nous nous reportons par la pensée aux anciens âges,
à l'époque quasi mystérieuse de la naissance des sociétés,
nous trouvons déjà dans l'homme primitif deux principes
féconds, providentiels, l'instinct de l'utile et le sentiment
du beau.

L'instinct de l'utile, c'est la condition même de son existence, s'il ne l'avait pas, que deviendrait-il? Comment
lutterait-il contre les besoins, les incommodités, les dan-
gers de toute sorte qui l'assiégent? sans nul doute, c'est
l'instinct de l'utile qui a enfanté les premiers arts.

Mais l'instinct de l'utile ne répond qu'à la moitié de la
créature intelligente et à sa moitié la moins élevée. Il ne

regarde que le côté matériel des choses ; il ne donne satisfaction qu'aux besoins positifs et d'un ordre secondaire. Ce
n'était pas assez, selon les desseins de Dieu sur nous. Pour
nous élever davantage dans la chaîne des êtres, pour nous
rapprocher de lui, pour nous faire participer par quelque
point à sa propre essence, il nous a donné le sentiment du
beau ; et c'est de là que les arts libéraux sont sortis.

— Qu'est-ce que le sentiment du beau, qu'est-ce que
le beau lui-même ? Ici, je suis bien forcé de faire pour
quelques instants un peu d'abstraction et de métaphysique,
à la suite des savants en esthétique et des philosophes qui
ont entrepris de définir le beau ; que l'on me pardonne cette
excursion sur un domaine redoutable ; j'y passerai rapidement.

Les philosophes (1) distinguent deux sortes de beauté,
la beauté sensible et la beauté idéale. La beauté sensible
est dans les choses extérieures, la beauté idéale est en nous
comme un type qui nous sert à juger les impressions re-
çues par nos sens. — Mais l'*idéal* d'après lequel ce type
a été formé, cet idéal recule sans cesse à mesure qu'on
cherche à s'en approcher. Il n'est pas de notre monde ;
son dernier terme est dans l'infini, c'est-à-dire en Dieu, ou,
pour mieux parler, le vrai et absolu idéal du beau, n'est
autre chose que Dieu lui-même

J'ai hâte de quitter ces sommets si élevés, et redescen-
dant vers un niveau à la portée de nos communes intelligences, je m'arrête à cette partie de la doctrine qui place
en notre âme, non certes la pure essence, mais le crité-

(1) V. Cousin, Lamennais.

riam, l'image idéale, le type du beau. Là tout devient d'une compréhension plus facile ; et pour y aider encore, j'ai recours à trois exemples choisis chacun dans les genres de beauté que nous savons parfaitement distinguer, la beauté physique, la beauté intellectuelle, la beauté morale.

— Après un rude et interminable hiver, un matin, le soleil se lève radieux. L'air est pur et transparent ; aucun nuage n'altère l'azur du ciel. Sur la terre tout renaît ; un frais tapis de verdure s'étend sous nos pas et récrée nos yeux. Nous nous sentons le cœur léger et comme plus heureux de vivre. Cette exclamation tout naturellement s'échappe de notre bouche : « Quel beau ciel ! quelle belle journée ! »

— Nous visitons un domaine qui n'a rien de saillant ni par le pittoresque du site, ni par l'élégance ou le style noble des constructions, mais la maison de maître, la ferme, le jardin, le verger, les prairies, les champs et les bois, tout est bien proportionné, bien ordonné, bien entendu, afin que ce domaine soit à la fois une résidence agréable et une source de produits pour la famille qui l'habite. Là ce ne sont point les formes, les lignes extérieures qui nous frappent et nous charment ; mais nous rendons justice à l'*idée* qui a créé cet ordre et ce comfort, à l'idée prévoyante qui a si bien calculé et aménagé toutes choses en vue de l'agrément, en vue d'une bonne et fructueuse exploitation ; et nous disons : « Voilà un beau domaine ! »

— Un homme est tombé à l'eau, il se débat vainement, il disparaît, il va périr. Sans calculer le danger, un passant, ému de compassion, se jette à la nage, et finit par saisir et ramener au bord cet homme qui se noyait. Dans toute la foule des assistants, il n'y a qu'une pensée et qu'un cri : « Voilà un beau mouvement, une belle action ! un brave homme ! »

D'où procèdent ces trois jugements qui aboutissent à nous faire reconnaître ici la beauté physique, la beauté intellectuelle, et dans le troisième exemple, la beauté morale ? — Evidemment ils procèdent d'un rapprochement rapide et instinctif qui s'est fait en nous entre les faits observés et le type du beau qui est comme en dépôt dans notre âme.

La belle journée a doucement ébranlé nos sens et notre imagination.

Le beau domaine, produit du calcul et d'une raison éclairée, a satisfait notre entendement.

La belle action a remué nos fibres les plus nobles, celles de la sympathie humaine et du dévouement.

En un mot tout cela répondait à cette inaltérable image du beau, à cet idéal que Dieu a mis en nous ; et alors sans hésitation, sans crainte de nous tromper, nous avons dit : « C'est beau ! » mille autres que nous, témoins, observateurs des mêmes faits, auraient cédé à la même impulsion intérieure, auraient porté le même jugement. — A l'honneur de notre nature, constatons en passant que sur le *bien* et sur le *beau*, la conscience du genre humain est une, que les jugements intimes des hommes, dégagés de l'intérêt et des passions, ne diffèrent pas et les rares exceptions qu'on nous opposerait, à les examiner de près, ne viennent que d'une perversion volontaire des idées et des sentiments.

Le beau, en dehors de nous-même, ne peut arriver jusqu'à nous que s'il prend une forme sensible, que s'il s'adresse à nos organes de la vue et de l'ouïe par quelque chose d'extérieur. Là est la mission de l'art. C'est à lui de donner cette forme, de choisir dans la nature les traits de la beauté qui s'y trouvent épars, de les rassembler et d'en composer un tout harmonieux; de là cette définition généralement admise : « l'art est l'expression du beau. »

Les beaux arts, ainsi nommés parce que leur objet est de produire « l'émotion désintéressée de la beauté » suivant l'expression de M. Cousin, n'ont certainement paru dans le monde que bien après les arts procédant de l'utile.

Des hommes, aux prises avec d'incessantes difficultés pour suffire à leur subsistance de chaque jour, pour assurer leur conservation, devaient peu sacrifier au culte du beau. Dans les besoins trop pressants (et c'est le tableau que nous présente encore de nos jours l'extrême pauvreté), la matière est exigeante, elle domine l'esprit, elle le refoule et lui fait sa part petite. Ces hommes primitifs, bâtissaient-ils quelques huttes pour s'abriter, s'emparaient-ils de quelques grottes pour y installer leurs idoles, symboles à leurs yeux de la puissance créatrice et objet de leur adoration, ils allaient au plus pressé, ils ne cherchaient que le nécessaire, et se contentaient fort bien de supports et de toits grossiers, de parois informes et sans ornements.

Mais que la tribu vienne à s'étendre, à gagner en population et en force, que des guerres heureuses la fassent respecter de ses voisins, qu'elle s'enrichisse par l'agriculture et le commerce, alors l'utile cessera d'être le besoin à peu près exclusif. Les hommes de cette jeune société donneront plus d'essor à leur âme et céderont peu à peu au sentiment du beau ; ils en seront travaillés, ils chercheront, dans

toutes les voies ouvertes à leur activité d'esprit, à donner satisfaction à ce besoin d'un ordre plus élevé.

Naturellement religieux, ils voudront tout d'abord que la divinité qu'ils reconnaissent et qu'ils adorent obtienne un temple aussi digne d'elle que possible. Ils tailleront la pierre, ils l'élèveront en masses imposantes, ils inventeront le pilier, la colonne, l'architrave, la frise, le fronton. Un heureux hasard finira par leur faire rencontrer quelqu'homme de génie qui, par la pureté des lignes, la justesse des proportions, l'ordonnance noble et hardie de l'ensemble arrivera à réaliser, en fait d'édifice, l'idéal tantôt de l'élégance, tantôt de la grandeur, l'idéal du beau en un mot. — Voilà un des arts libéraux créé, l'architecture.

Il est dans notre nature bornée d'avoir besoin d'images sensibles pour soutenir notre pensée, pour la ramener sans cesse au but qui lui est proposé, que ce soit l'adoration de la divinité, l'admiration des grandes scènes de la nature, ou bien un culte reconnaissant pour les hommes qui ont été grands par leur caractère leurs œuvres et leurs services. Tous les peuples primitifs ont eu dans leurs temples des ébauches en bois, en pierre, en métal, ou des images coloriées qui figuraient, tantôt les attributs de la divinité bienfaisante, tantôt le génie et la puissance du mal. Plus tard ils ont élevé sur leurs places publiques, aux portes de leurs villes, sur les champs de bataille fameux, des statues, des tombeaux, des monuments commémoratifs. La science archéologique a recueilli quelques uns de ces débris curieux des vieux âges, et nous sommes à même de juger combien ces essais étaient grossiers, ou tout au moins primitifs et imparfaits. — Ce n'était pas encore de l'art, c'était la simple traduction d'une idée, un moyen plastique

de fixer cette idée, et de la mettre en saillie aux yeux de
tous. — Mais ici encore le sentiment du beau devait sui-
vre de près la recherche de l'utile ; l'art ne tarde pas à
éclore. Statuaires et peintres s'efforcent de rivaliser avec
la nature, de lui dérober le secret de la vie, le secret des
formes, des combinaisons d'ombre et de lumières, de couleurs et de nuances qui doivent le mieux parler aux yeux,
exprimer la beauté réelle et se rapprocher de l'idéal. —
incessamment l'art grandit, il s'épure, il atteint son apogée.
Sous le ciseau de Phydias, sous le pinceau d'Apelles, les
dieux et les déesses, et ces hommes, bienfaiteurs de l'humanité qu'on appelait alors des demi-dieux, apparaissent
comme les types consacrés de la noblesse ou de la grâce.
Jupiter est véritablement le maître des dieux et des hommes,
Hercule l'emblème de la force, Achille, de l'héroïsme,
Apollon et Vénus l'idéal de la beauté.

J'arrive à la musique. Eh bien ! même la musique, celui
de tous les arts le moins précis dans son objet, le moins
déterminé dans ses effets, même la musique, chez les peuples jeunes avait un but, un rôle positifs : C'était presque
un art mécanique, un procédé visant à l'utile, un moyen
de soutenir la voix du chanteur et de l'orateur. — A ce
propos n'oublions pas ce qu'étaient les mœurs et les insti-
tutions de ces peuples, des grecs particulièrement, qui furent initiateurs et maîtres dans tous les genres. Chez eux
ce n'était pas à huis-clos, sous un plafond, entre quatre
murailles que l'on chantait, que l'on prononçait des haran-
gues ; c'était en plein air, dans de vastes espaces, et pour
être entendu d'un auditoire de plusieurs milliers d'hommes. Delà ce secours tout matériel réclamé de la musique
pour subvenir à la faiblesse de la voix humaine.

Plus tard, la séparation se fait entre la parole et la musique. Celle-ci n'est plus seulement comme un appui donné à l'autre. Désormais distincte et livrée à sa propre allure, elle rentre dans son vrai domaine, celui du sentiment et de l'idéal, et pour produire l'émotion du beau, elle s'attaque aux facultés de l'homme les plus élevées, avec toutes ses puissances d'harmonie et de mélodie.

Dans ce court aperçu, j'ai cherché à rendre compte de l'origine des beaux-arts, moins encore au point de vue historique qu'au point de vue moral; il suit des faits que j'ai relevés que pour remplir toute leur mission, bien qu'ils s'adressent d'abord aux sens, c'est à l'intellect qu'ils doivent arriver. Il faut donc une pensée au fond de toute œuvre d'art. Dans l'art, les choses matérielles, les formes, animées par le génie, doivent parler.

Si nous considérons celui des beaux-arts dont nous nous occupons à l'instant même, la musique, pouvons-nous ne pas reconnaître que toute mélodie a un sens, quelle traduit une pensée, qu'elle exprime des passions, qu'elle est enfin comme la voix d'une âme parlant à d'autres âmes? Ici, c'est l'ardeur guerrière qu'elle exprime en traits de feu; là c'est l'allégresse qui éclate dans ses accords. Ailleurs elle est comme le cri de la douleur, elle rend d'une façon poignante les angoisses de la souffrance morale, les tristesses et l'abattement du deuil. Et la foule ne s'y trompe pas; enlevée comme par une force surnaturelle, elle obéit à la pensée de l'artiste; elle se laisse aller, jusqu'à l'exaltation parfois, à tous les mouvements qu'il veut lui imprimer.

La peinture parle aussi, moins puissamment que la musique aux sens, mais d'une manière plus nette et plus précise à l'esprit. Le dessin et la couleur sont les agents de sa pensée, le dessin surtout. Que de choses, que d'idées, et combien énergiquement rendues dans le tableau d'un grand maître ! Qu'il me soit permis de le montrer par quelques exemples ; et ces exemples je les choisirais près de nous, dans l'école française moderne à qui j'aime à rendre justice, et qui certainement pour la pensée et l'expression peut soutenir la comparaison avec d'autres écoles plus fameuses.

Dans le célèbre tableau de David, le serment des Horaces, un vieux Romain fait jurer à ses trois fils chargés de soutenir en champ clos l'indépendance et la suprématie de Rome, de mourir, s'il le faut, pour que leur patrie soit libre et victorieuse. Devant ce tableau, faut-il chercher longtemps la pensée qu'il a pour but de caractériser et d'exalter ? Cette énergie dans la pose et le mouvement, cette fierté farouche dans les yeux, dans tous les traits des visages, nous montre assez le patriotisme antique à son plus haut degré de puissance. — Ici éclate la vertu romaine, capable de tous les dévouements, sans faiblesse, mais aussi sans pitié.

Voici le chef-d'œuvre de Géricault, le radeau de la Méduse. Au milieu de la mer immense, sur un informe radeau, une vingtaine de malheureux depuis de longs jours disputent leur vie au gouffre béant, à la faim, à la soif qui les dévorent. Comme cette scène, pathétique jusqu'à nous donner le frisson, nous montre bien le comble des souffrances humaines ! Ici de pauvres êtres, abattus, à bout de forces, et déjà trop semblables à leurs camarades qui ne sont plus que des cadavres roides et livides. Là des corps et des âmes d'une plus forte trempe qui luttent encore, qui ne s'avouent pas encore vaincus. Enfin un groupe où brille, parmi tant de maux, le rayon sublime, l'espérance. Une voile paraît à l'horizon ! Ils l'ont vue ; par un suprême effort, ils élèvent en l'air, ils agitent un lambeau de vêtement. C'est le signal qui va leur donner des libérateurs, peut-être... Le spectateur frémit, il est palpitant d'anxiété. La pensée du peintre, l'idéal du terrible, sont tout entiers passés en lui.

Enfin arrêtons-nous un instant devant cette magnifique composition d'Ary Scheffer, Saint Augustin et Sainte Monique.

Augustin, qui a connu les joies, les passions, les ambitions du monde, atteint d'un incurable dégoût, a cherché un refuge auprès de sa mère, une sainte dont toutes les pensées sont détachées des choses d'ici-bas. Assis l'un près de l'autre dans une galerie au bord de la mer, seuls et se détachant sous un ciel tout embrasé des feux d'un soleil d'Afrique, ils sont dans une heure solennelle de méditation et de travail intérieur. La belle figure d'Augustin porte les traces des combats qui se livrent dans son âme, des déchirements qu'il éprouve en sentant se briser une à une les chaînes qui le retenaient dans les pensées et les affections de la terre. Sainte Monique, pâle, amaigrie par les austérités et la souffrance, bien près de sa fin, est dans le ravissement de sentir l'âme de son fils remonter vers Dieu. Elle l'encourage, elle lui montre le ciel ; au ciel elle adresse un regard d'une ardeur, d'une beauté extatique que rien ne saurait rendre. Jamais le spiritualisme chrétien, la foi, l'aspiration aux joies célestes n'ont parlé un langage d'une plus saisissante éloquence.

Je passe à la sculpture. Elle est moins riche en ressources que la peinture pour dérouler une action, pour détailler une scène pathétique ; mais par d'autres avantages, elle rachète bien cette infériorité. Concentrée dans la perfection de la forme et du dessin, elle excelle surtout à exprimer l'être par excellence de la création, l'homme, tantôt dans l'idéal de sa beauté physique, tantôt dans la profondeur de sa pensée ou l'énergie de sa passion. Si elle n'a pas le prestige de la couleur, ni les ressources de la perspective, en revanche, elle ne laisse pas l'attention se distraire et s'affaiblir en se portant sur des détails. Elle la ramène impérieusement vers le type qu'elle s'est choisi, vers l'homme intérieur. Le sculpteur, comparé au peintre, est comme ces hommes qui parlent peu, mais qui disent beaucoup en peu de mots, et dont il fait bon de creuser la pensée.

Que l'on me permette encore ici quelques exemples : Dans la statuaire antique dont tant de chefs-d'œuvre ont été heureusement exhumés, je choisis presque au hasard. Au musée du Capitole, je m'arrête devant le gladiateur mourant.

Ce germain ou ce gaulois, arraché à son pays, forcé de combattre dans le cirque pour amuser le peuple romain, le voilà à demi-couché sur l'arène, portant au sein gauche une large blessure, et s'appuyant à terre d'une main défaillante. — Ici, messieurs, j'ai la bonne fortune de rencontrer un grand poëte interprète de la pensée du sculpteur. Écoutez lord Byron, qui s'est arrêté comme nous devant le gladiateur mourant, et qui s'en est inspiré pour écrire deux des plus belles strophes de son pélérinage de Childe-Haroldi.

« Son mâle regard consent à mourir; mais il déguise son agonie, et sa tête penchée s'affaisse graduellement. Les dernières gouttes de son sang sortent lentement de sa blessure et tombent épaisses, et une à une, comme les pre-

mières gouttes d'une pluie d'orage.... mais déjà l'arène
tournoie autour de lui ; il succombe, avant qu'aient cessé
les acclamations barbares qui saluent son misérable vainqueur.

» Il les a entendues, mais il ne s'en est pas ému. Ses
yeux étaient avec son cœur bien loin du cirque ; ils étaient
où s'élève sa hutte sauvage aux rives du Danube, où ses
jeunes enfants jouent sous les yeux de leur mère de la
nation des Daces.

Lui, leur père, il meurt égorgé pour une fête romaine.
Mourra-t-il sans vengeance ? — Levez-vous, peuples du
Nord, et venez assouvir vos justes fureurs ! »

A Rome encore, dans l'église St-Pierre ès-liens, con-
templons le Moïse de Michel-Ange, une des grandes œuvres de ce génie si vaste et si puissant.

Ce Moïse colossal est assis, tenant sous le bras droit les
tables de la loi, caressant d'une main la longue barbe qui
tombe sur sa poitrine, la tête tournée vers sa gauche et
lançant dans l'espace un regard d'une expression sauvage
et dominatrice. Voici sur cette statue le jugement d'un
homme, vrai connaisseur en matière d'art, Louis Viardot :

« Malgré les critiques de détail qu'on ne lui a pas épar-
gnées, nous dit Viardot, ce défectueux Moïse n'en est pas
moins le chef-d'œuvre de son auteur en tant que statuaire,
et probablement aussi de toute la sculpture moderne. Pris
en masse, le *Moïse* de Michel-Ange est le plus grand et le
plus admirable emblème de la force, de la sévérité,
de la puissance ; jamais on n'a si pleinement exprimé
toutes les qualités diverses qui font la supériorité d'un
homme sur les hommes, qui font l'autorité. Son regard

irrésistible semble menacer un peuple mutin et l'abattre à
ses pieds. Enfin c'est bien le puissant législateur des hébreux, armé de sa loi terrible. Je ne crois pas que le Jupiter
de Corinthe, ou la Minerve d'Athène, si célèbres par Pau-
sanias et l'antiquité tout entière, aient été plus nobles, plus
majestueux, plus redoutables, plus faits pour inspirer aux
peuples la terreur et le respect religieux. »

Après ce grand nom de Michel-Ange et son incompara-
ble chef-d'œuvre, je devrais m'arrêter. Cependant je ne
résiste pas à prendre encore un exemple dans la *Statuaire
contemporaine*, et cet exemple, c'est un sculpteur célèbre
à qui la ville de Douai s'honore d'avoir donné naissance,
c'est Théophile Bra qui me le fournit. Je veux parler de la
statue d'Ulysse qui décore, à Paris, le jardin du Palais-
Royal. — Ulysse depuis 20 ans est éloigné de sa patrie ;
naufragé et retenu dans l'île de Calypso, il est venu s'as-
seoir sur un rocher, en face de la mer. Là son regard plonge
dans les profondeurs de l'horizon. On dirait qu'il cherche,
par de là la plaine liquide, sa chère Ithaque ou il a laissé
une épouse, un fils, tout son bonheur domestique, et où
l'implacable destin semble lui interdire d'aborder jamais.
Considérée quelque temps cette statue ne tarde pas à nous
associer à la pensée méditative et triste dont elle est em-
preinte. Il y a dans la tête d'Ulysse un mélange de fermeté
et d'émotion contenue d'un grand effet. C'est bien là le
héros dont la volonté forte et obstinée a tant contribué à
la chûte de Troie ; c'est là ce rude lutteur à qui le destin
depuis 10 ans s'est attaqué sans parvenir à l'abattre. Mais
en même temps l'homme se montre, l'homme dont le cœur
s'émeut au souvenir de sa patrie, à l'idée de ne plus revoir
le palais de ses pères, tous ceux qu'il aime, et pour qui il

est déjà peut être comme descendu au tombeau. — L'enveloppe semble ne montrer que force d'âme; le fond est d'une
tristesse navrante.

J'arrive enfin à l'architecture. Oui. Ces masses de pierres
qu'elle remue, qu'elle entasse pour ses monuments si divers, temples, palais, cirques, théâtres, ces masses de pierres
elles-mêmes doivent avoir leur langage. L'architecture
n'est un art qu'à ce prix. Pour s'élever au-dessus de l'œuvre du maçon, du constructeur vulgaire, il faut que l'architecture imprime dans chaque édifice une pensée distincte, saillante, qui se dégage d'elle-même de la matière
et qui viennent frapper l'esprit de l'observateur le moins
attentif. Sur chacune de ses œuvres, un véritable architecte
saura mettre un cachet en juste rapport avec la destination
du monument. S'agit-il d'un théâtre? L'élégance, la grâce,
les ornements ingénieux nous prépareront à l'attrait, au
plaisir, aux vives émotions des spectacles. Un cirque nous
offrira sa masse énorme, colossale comme le peuple,
comme cette foule aux cent mille têtes qui prendra
place sur ses gradins. Son architecture forte et sévère
sera comme une introduction aux scènes terribles dont son
arène sera témoin. Élevé d'ordinaire sur les hauts lieux,
un temple par ses formes nobles et imposantes rappellera
la majesté du Dieu dont il sera le sanctuaire.

L'antiquité grecque et romaine ne faillissait pas à cette
règle. Mais ne craignons pas de le reconnaître, c'est dans
l'ère moderne, c'est au moyen âge, que l'architecture a
atteint sa plus haute puissance d'expression; oui, au moyen-
âge, époque demi-barbare sans doute à certains points de
vue, mais bien fortement inspirée et dont nous sommes
trop heureux d'avoir, en fait de monuments du moins,

recueilli l'héritage. Alors soutenu par le souffle spiritua-
liste et chrétien, l'architecte de nos vieilles cathédrales a
dépassé le génie antique, non certes pour l'élégance et la
pureté de la forme, mais pour la pensée et l'expression
profondes.

Henri Martin dans quelques belles pages sur l'art chrétien par lesquelles il couronne l'histoire de St-Louis, exprime ainsi ce que devaient ressentir, en présence des
magnifiques églises du moyen-âge, des chrétiens, hommes
simples et d'une foi ardente :

« Qu'on se transporte par la pensée au temps où la foi
catholique était dans toute sa puissance et le culte dans
tout son éclat, qu'on franchisse le porche peint et doré,
qu'on pénètre dans la vaste nef, qu'on s'arrête au point
central de la croisée et de tout l'édifice, entre la nef du
peuple et le chœur des clercs. Sur votre tête s'élancent des
voûtes dont la prodigieuse hauteur n'a de comparaison
dans aucune des architectures de l'antiquité ; autour de
vous se croisent les imposantes avenues d'une forêt de
pierres, dont les arbres sont des piliers géants. Un jour
mystérieux et recueilli glisse à travers les vitraux colorés
sur les voûtes et les piliers peints, et jette sur les pavés
de marbre des reflets irisés qui semblent les reflets d'une
lumière céleste. A droite, à gauche, en arrière, étincellent
les trois roses des portails, comme d'immenses fleurs de
rubis, d'émeraude et d'azur... Si alors la voix d'un peuple
entier, répondant à la voix du prêtre, fait retentir sous les
arches colossales ces hymnes de douleur, d'épouvante ou
de triomphe dont la simplicité majestueuse et profonde n'a
pu être effacée par toutes les savantes merveilles de l'harmonie moderne, si l'orgue, le seul instrument digne d'un

pareil temple et le plus puissant qu'aient inventé les hommes, reprend cet auguste dialogue, tandis qu'à travers les voûtes arrive jusqu'à vous le tonnerre des cloches, ces grandes voix de la cathédrale qui retentissent au loin, où trouvera-t-on dans le passé de l'humanité, quelque chose de comparable à ce magnifique ensemble d'art et de poésie sacrée ? »

Il me semble ressortir des faits et des considérations qui précèdent cette vérité capitale, c'est que les arts ne sont pas nés dans les palais, comme des fils de rois, c'est qu'ils sont au contraire d'origine et d'essence tout populaires.

Nous ne trouvons pas trace chez les anciens de l'existence d'un public spécial ayant le monopole des jouissances artistiques et littéraires, public choisi, délicat, raffiné, arbitre souverain en matière de goût et qui répondrait à peu près à ce qui sont dans nos villes modernes les beaux esprits de salons, les critiques de profession, les lettrés, les académiciens. Là jamais le sentiment du beau, en matière d'art et de littérature, ne fut renfermé, comme on l'a vu chez nous, dans des cabinets, des ruelles et des boudoirs.

L'art chez les anciens s'inspirait des pensées et des passions du peuple, de sa piété envers les dieux, de ses traditions héroïques, de son patriotisme. Comme le peuple, il vivait et florissait au grand air, il ornait la place publique, tous les lieux de réunion des citoyens. Les œuvres d'art, temples, portiques, statues, peintures, sollicitaient partout les regards du peuple, vivaient de ses suffrages, de son admiration, et à leur tour tendaient à épurer son goût, à anoblir son esprit et ses habitudes.

Il en était de même pour les lettres. Homère, aveugle, ne cherchait pas d'autres auditeurs que le peuple lorsqu'il allait par les chemins chantant ses admirables poëmes qui caressaient si bien la fierté nationale; c'était le peuple encore, c'était les rudes soldats de Marathon et de Platée, les intrépides marins de Salamine, qui remplissaient les théâtres, et à qui les Euripide et les Sophocle soumettaient leurs chefs-d'œuvre. Et, chose bien remarquable! ces hommes sans études, cette multitude qui n'avait que son instinct du beau, jugeait bien, et si bien même que tout ce qu'elle a trouvé de bon aloi et à son goût, tout ce qui est arrivé jusqu'à nous portant sa marque, est tout simplement admirable pour le fond comme pour la forme.

Je sais, tout ce que l'on peut dire, tout ce que l'on a dit de l'heureuse organisation de ces grecs antiques, de l'influence de leur climat, et de celle de leur organisation sociale qui, en rejetant sur les esclaves les métiers pénibles et presque tout le travail manuel, créait tant de loisirs aux citoyens. Sans doute cela favorisait et fortifiait les dispositions de la foule à s'occuper des choses intellectuelles, des choses de goût; mais son aptitude comme son droit à connaître de ces matières lui venaient d'ailleurs.

L'histoire intime des anciens peuples justifie de tous points ma thèse : chez eux les arts et les lettres étaient tout naturellement faits pour les plaisirs, pour l'éducation morale du peuple. Alors l'idée ne venait à personne que pour admirer une œuvre d'art, pour se pénétrer de la pensée qu'elle renfermait, pour s'émouvoir du sentiment qui avait inspiré l'architecte, le sculpteur ou le poète, il fallut une longue préparation, de la science, enfin tout le bagage des études techniques. Sachons reconnaître les vraies causes de la supériorité des anciens sur nous. D'une part, ils étaient plus près que nous de la nature, et par conséquent, de la

vérité. Et de même qu'ils sentaient que les magnifiques
spectacles du ciel et de la terre étaient faits pour le pauvre
comme pour le riche, pour l'ignorant comme pour le lettré,
de même il ne mettaient pas en doute que le beau exprimé
par les arts ne fut du domaine de tous. D'un autre côté,
ces anciens se donnaient à eux-mêmes une éducation au-
trement virile que la nôtre. Habitués à la pratique large
de la vie publique, ils n'étaient ni humbles ni découragés.
Un fier instinct les mettait pour ainsi dire de plain-pied
avec les artistes, les orateurs, les poètes qui venaient au-
devant de leurs suffrages; ils se sentaient le droit de juger
des œuvres d'art, parce qu'ils avaient conscience de cette
vérité que même dans les plus hautes applications de
l'intelligence, le mérite réel, la marque du génie, c'est de
toucher simplement la fibre humaine, c'est d'aller droit à
l'âme du peuple.

III.

La littérature, plus encore que les beaux-arts qui, eux du
moins, parlent d'abord aux sens, paraît aux esprits incul-
tes quelque chose d'effrayant et d'inabordable. Je le comprends sans peine. Pour qui n'a pas de notions premières,
pour qui manque de guide, d'une main amie qui l'aide à
faire les premiers pas, la littérature, avec ses origines
archaïques, sa linguistique, ses genres à l'infini, la multitude de ses préceptes et de ses méthodes, ses délicatesses
et ses raffinements, doit être comme un épouvantail. Et
cependant son origine, comme celle des beaux-arts, est
populaire; elle n'est pas née plus qu'eux pour le plaisir et

l'avantage exclusifs d'une sorte d'aristocratie de l'intelligence. La moindre étude des temps anciens nous prouvé au
contraire que les lettres comme les arts sont nées en plein
air, sous la voûte du ciel, pour répondre à des besoins
communs à toutes les âmes, pour être la bonne et saine
nourriture de toutes les intelligences, pour accroître le bien
être moral des humbles et des pauvres comme de ceux qui
possèdent et qui savent beaucoup.

La littérature est un art, c'est-à-dire une combinaison
ingénieuse de moyens pour produire dans l'ordre intellectuel un effet déterminé. Son but direct est de rendre la
pensée de l'homme sensible aux autres hommes par la parole et par l'écriture, et si nous remontons plus haut,
nous trouvons que sa fin providentielle est, comme celle
des autres arts, de répondre à ces deux principes que Dieu a
mis en nous, l'instinct de l'utile et le sentiment du beau.

D'après son nom même dont l'étymologie est assez claire,
(lettre, en latin *littera*) il semblerait que la littérature ne
dut s'appliquer qu'aux choses exprimées par des lettres,
aux choses écrites. Mais c'est un de ces mots dont il faut
élargir le sens. Dans la langue littéraire, rien de plus commun que de prendre la partie pour le tout.

Certes, on peut faire de la littérature, et de la plus haute,
par la parole seulement. Ainsi les poètes des époques primitives n'écrivaient rien ; ou bien ils improvisaient leurs
chants en l'honneur des dieux et des héros, ou bien ils les
confiaient à leur mémoire et allaient les récitant de bourgade en bourgade. — L'art oratoire est loin de supposer
nécessairement le secours de l'écriture. L'orateur de la
chaire, celui de la tribune, l'avocat, le professeur excellent
d'autant plus chacun dans leur genre, qu'ils émettent plus

spontanément leur pensée, et que parlant d'inspiration, ils s'adressent avec une verve plus aisée, plus incisive à l'esprit de leur auditoire.

Cependant l'écriture garde un avantage inappréciable, c'est d'être pour la pensée de l'homme un moyen de transmission pour ainsi dire sans limites. La puissance de la voix humaine est bien restreinte. Tel homme, s'il se contente de parler, à grand peine pourra se faire entendre d'un millier d'auditeurs. Ecrit-il, au contraire? L'expansion de sa pensée, dans le temps et dans l'espace peut être indéfinie. Un orateur politique prononce un discours, à la Chambre des communes d'Angleterre, par exemple; ce discours, cinq ou six cents personnes à peine l'ont entendu; mais il a été recueilli par l'écriture rapide, la sténographie; Les journaux du lendemain le publient à cent mille exemplaires, en quelque semaines il aura été lu et commenté depuis Londres jusqu'en Australie, depuis le Canada jusqu'au Japon, enfin dans tous les coins du monde; car où n'y a-t-il pas des Anglais? Où leur journal favori, le *Times*, ne pénètre-t-il pas à leur suite? — Un homme de génie compose un livre. Ses contemporains, par centaines de milliers, liront ce livre et s'en assimileront la substance, ce qui n'empêchera que ce même livre, héritage intellectuel de l'humanité tout entière, ira de siècle en siècle, émouvoir et instruire une suite incalculable de générations.

Ces observations expliquent suffisamment, ce me semble, pourquoi dans la nécessité d'exprimer d'un seul mot l'action d'un homme sur les autres hommes par la parole et l'écriture, on a donné la préférence au nom qui se référait à la pensée écrite, l'écriture étant le moyen le plus ample, le plus puissant et le seul capable de multiplier ses effets à l'infini.

Nous voici donc fixés sur le mot *littérature.* Ce mot exprime un art ayant pour but l'utile et le beau, et pour moyens la parole et l'écriture.

Mais la littérature est un ensemble si vaste, formé de parties si diverses, que pour sortir du vague et prévenir la confusion, il faut nous hâter d'arriver aux différents genres qu'elle embrasse.

Ce n'est point la nature qui a fait les genres ; la nature, dans sa fécondité, dans sa vaste compréhension, ne connait pas ces petites barrières, ces petits clos que nous avons besoin de tracer et d'élever pour prendre les choses une à une, et les tenir en réserve à la portée de notre vue et de notre intelligence si courtes. Ainsi, tout au contraire du soin que nous prenons de diviser et de répartir le génie et la production littéraires dans ces cinq genres assez généralement adoptés : poésie, art d'écrire, art de parler ; histoire, philosophie, la nature souvent confond dans un seul homme et dans ses œuvres les choses qui semblent le plus disparates ; dans le même écrivain elle sait nous faire trouver le poète qui s'exprime à l'aide de brillantes images, le philosophe qui analyse la pensée et l'âme humaines, l'homme éloquent qui subjugue et entraîne ceux qui l'écoutent par son habileté ou sa véhémence oratoires. La nature, c'est l'abondance et la variété infinies ; mais nous, pour nous reconnaître au milieu de toutes ces richesses, nous avons besoin de ranger, de classer, de faire des divisions et des subdivisions.

Acceptons donc, en littérature, les genres le plus communément admis, et essayons, en les prenant un à un, de bien faire comprendre ce qu'ils signifient, et ce qu'ils représentent. — Je parlerai d'abord de la poésie, et je ne me

dissimule pas que ce n'est pas un des mots les plus faciles
à définir.

Souvent l'on appelle poésie, par opposition au langage
ordinaire, la prose, tout ce qui est écrit en vers, c'est-à-dire
en un langage assujetti à certaines règles précises de mesure et de cadence. En réalité, il faut soigneusement distinguer la versification de la poésie. De tout temps, pour fixer
leurs souvenirs, les hommes ont mis en vers les règles de
certains métiers, des observations d'almanach, des prover-
bes, des axiômes d'agriculture et d'hygiène. Votre mémoire,
Messieurs, à l'instant même vous en fournit des exemples :

> « Petit à petit
> L'oiseau fait son nid. »

ou bien encore :

> « Quand il fait beau
> Prends ton manteau ;
> S'il pleut,
> Prend-le si tu veux. »

ou bien encore :

> « Femme sage
> Reste à son ménage. »

ou enfin ce singulier catéchisme hygiénique de nos aïeux,
difficile à faire admettre par leur petits-fils du dix-neuvième
siècle :

> « Lever à cinq, dîner à neuf
> Souper à cinq, coucher à neuf
> Font vivre d'ans nonante neuf.

En dehors de la haute sagesse que ces vénérables prover-
bes renferment certainement, il y a là des vers qui sont sur
leurs pieds ; il y a là aussi quelques apparences de rimes.
Ai-je besoin de vous dire néanmoins qu'entre ces échantil-
lons de prose versifiée et la poésie, il y a toute la distance
de la terre au ciel.

Dans l'acception la plus communément admise, la poésie
résulte de la rencontre d'un style suffisamment pourvu
d'harmonie et de couleur avec le mécanisme du vers.

Enfin la poésie, si on la prend dans son sens le plus large,
est parfaitement indépendante de la forme extérieure. Elle
existe par elle-même, indépendamment de la mesure, de
la cadence et de la rime. Elle s'accommode de la prose
aussi bien que des vers. Ainsi comprise, elle n'appartient
même plus exclusivement aux lettres. Elle est tout aussi
bien du domaine des arts. La poésie alors c'est l'inspiration, c'est le souffle qui anime et qui crée, c'est l'imagination et la sensibilité surexcitées qui répandent sur les œuvres
de l'homme la couleur, le charme et la vie. Nos grands
prosateurs m'offriraient en foule des exemples de cette
prose qui, pour l'éclat des images et la richesse du style,
ne le cède en rien aux morceaux en vers les plus achevés.
Mais je me bornerai à une seule citation empruntée au
cours familier de littérature de Lamartine. — Cet homme,
qui a rempli le monde de sa renommée comme poëte, qui
un moment a joué dans notre pays le premier rôle politique comme chef et modérateur d'un peuple en révolution,
du fond de sa retraite, vieux et triste, explique à ses lec-
teurs que, s'il écrit encore, c'est par un effort de courage,
afin de faire honneur à ses affaires dérangées et pour s'ac-
quitter envers ceux qui l'ont aidé de leur bourse.

« Vous voyez donc pourquoi, je subis, souvent au-delà
de mes forces, la rude condamnation du travail. Eh bien !
ce travail même, cette vertu forcée, mais enfin cette vertu
de la nécessité, on me la reproche comme une vaniteuse
soif de bruit qui obsède les oreilles de mon nom ! hommes
inconséquents dans vos reproches, que ne reprochez vous

aussi au casseur de pierres sur la route, d'obséder la voie
publique de sa présence, pour rapporter le soir à la maison le salaire qui nourrit la femme, le vieillard, l'enfant.

Sur ces pages où ils me reprochent d'entasser des mon-
ceaux de vanité, ce n'est pas de l'encre que vous lisez,
sachez le bien, c'est de la sueur! ce n'est pas mon nom
que je cherche à grandir, c'est le gage de ceux dont ce
nom est toute la propriété et toute l'existence. Mon nom!
Ah! je sais aussi bien que vous ce qu'il vaut et ce qui
l'attend; je voudrais de tout mon cœur, (le ciel m'en est
témoin) qu'il n'eut jamais été prononcé, je donnerais ce
qui me reste de jours pour qu'il fut déjà enseveli tout entier avec celui qui l'a porté, dans le silence de la terre, sans
bruit là bas, sans mémoire ici. Il faut supposer une grande
dose de puérilité, je l'avoue, à un homme qui a vécu âge
d'homme et qui a vu ce que j'ai vu, pour croire qu'il tient
à cet écho du néant qu'on appelle la mémoire des hommes!
Que je vive dans la mémoire de Dieu : je me ris de celle des
hommes. La vie ne m'est plus rien.

La vie, dans ma situation, et après les épreuves que j'ai
traversées ou que je traverse, ressemble à ces spectacles
d'où l'on sort le dernier, et où l'on stationne malgré soi,
en attendant que la foule s'écoule, quand la salle est déjà
vide, que les lustres s'éteignent, que les lampes fument,
que la scène se dénude avec un lugubre fracas de ses dé-
corations, et que les ombres et les silences, réalisés sinis-
tres, rentrent sur cette scène tout-à-l'heure illuminée et
retentissante d'illusions. »

Comme la tristesse de ces accents exprime bien un
grand cœur froissé par les luttes de la vie, abreuvé d'amer-
tume, désenchanté même de la gloire! impossible de s'y

méprendre ; dans cette simple prose qui ne reconnaîtrait la poësie avec son harmonie, avec l'éclat et la grandeur de ses images ?

Cependant, pour n'admettre que des idées parfaitement claires et exactes, tenons que la prose poëtique ne peut et ne doit être qu'une brillante exception. La simplicité, la netteté, l'allure vive seront toujours les vrais mérites de la prose. D'un autre côté l'homme de talent prédestiné à la poësie, s'il veut ne perdre aucun de ses avantages, devra se montrer poëte par la forme comme par le fond ; pour exprimer ses pensées ou sa rêverie, ses émotions, son enthousiasme, il aura tout intérêt à se servir de sa langue propre, c'est-à-dire des vers, sorte de musique dont la cadence et l'harmonie, en s'emparant de l'oreille, disposent l'âme aux impressisns que le poëte veut lui donner.

Les savants ont beaucoup cherché et scruté quant aux origines et aux applications premières de la poësie. Voici en quelques mots les points sur lesquels ils tombent généralement d'accord :

La poésie paraît avoir été la première forme sous laquelle l'activité de l'esprit humain, son activité exubérante s'est d'abord fait jour. On la retrouve au berceau de tous les peuples, indiens ou scandinaves, de race grecque ou celtique, à l'orient comme à l'occident. Entre la jeunesse et la poésie il y a une éternelle alliance. — Ce ne sont pas les peuples et les hommes vieillis, fatigués, désabusés de beaucoup de choses, nourris d'idées positives, en garde contre les entraînements. qui se laisseront facilement aller aux rêves dorés, aux vagues aspirations, aux généreux élans de la poésie. — Elle est, au contraire, la poésie, comme l'apanage des peuples jeunes, dont l'imagination est fraîche

encore, susceptible d'émotions vives, d'admiration, d'enthousiasme, aisément accessible au goût du merveilleux, à
la crainte de l'inconnu, à l'exaltation mystique, toutes choses qni ont sur l'homme lui-même dans sa jeunesse une
prise énorme.

En Grèce, dans les siècles les plus reculés, et bien avant
Homère, les premiers poëtes, furent les prêtres. On ne les
connaissait pas alors sous un autre nom que celui de chan-
tres, ou *aëdes*. La première forme de la poésie fut un
hymne, un chant religieux.

Que la religion ait inspiré aux hommes leurs premiers
chants, c'est chose toute naturelle. La terre et le ciel, le
monde avec ses merveilles, avec ses lois immuables, quel
plus grand spectacle! L'idée d'un Dieu créateur, tout puissant, infini, de qui l'homme tient le droit et le plaisir de
vivre, de jouir de toute la nature, l'idée d'un Dieu de qui
il peut tout espérer et tout craindre, et dans la main duquel
il se sent si petit et si faible, est-il rien qui puisse plus fortement ébranler son âme, et mieux lui inspirer des chants,
expression spontanée de sa reconnaissance, de son amour,
de sa crainte? La poésie, cet élan des âmes qui les emporte
bien loin au-dessus des choses de la vie vulgaire, la voici
qui naît dans les sanctuaires primitifs, sur la montagne, ou
dans les profondes forêts où les hommes viennent offrir aux
dieux leurs prières et leurs sacrifices. L'aëde, prêtre des
dieux, chante leurs louanges ; la foule, possédée de l'esprit
religieux, cédant à la même inspiration que le prêtre, s'as-
socie à ses chants ; bien plus elle devient poëte elle-même,
pour mieux faire monter ses louanges jusqu'à la divinité.
— Et cela n'était pas propre aux Grecs seulement. Tous
les peuples primitifs, ceux de l'Inde, ceux de l'Egypte, et

avant tout le peuple de Moïse et de David nous font voir le
même spectacle, la même génération d'idées, le sentiment
religieux qui d'abord absorbe tous les autres et qui éclate
en poésies sacrées.

Un de nos poètes de premier ordre, Racine, va nous
offrir un exemple frappant de cette poésie qui naissait à
l'ombre même du sanctuaire. Dans deux de ses tragédies
tirées de la bible, Esther et Athalie, par une innovation
heureuse, par un emprunt fait au théâtre grec, il introduit
sur la scène des chœurs ; et ces chœurs ne sont autre chose
que l'image de la foule, que le peuple lui-même suivant
avec anxiété les péripéties du drame, et exprimant par in-
tervalles dans des chants en harmonie avec les situations
diverses. les émotions qu'il éprouve.

Dans Athalie, le chœur est composé de jeunes filles de la
tribu de Lévy, élevées dans le temple, elles se mêlent
d'habitude aux cérémonies religieuses ; l'esprit divin les
inspire ; elles glorifient par leurs chants le Dieu d'Israël,
exaltent ses bienfaits, ou implorent pour son peuple sa
miséricorde. Leurs voix sont comme la musique sacrée
dont le temple dans ses fêtes solennelles relentit. — A la
fin du 1er acte, ces jeunes filles sont réunies non loin de
l'autel, pour célébrer le grand jour où la loi a été donnée
au peuple hébreu sur le mont Sinaï, au milieu d'elles est
Josabeth, l'épouse du grand prêtre Joad : « Mes filles, leur
dit-elle,

« J'entends déjà, j'entends la trompette sacrée,
Et du temple bientôt on permettra l'entrée.
Tandis que je me vais préparer à marcher,
Chantez, louez le Dieu que vous venez chercher.

Et alors les chants commencent. Ces jeunes filles, l'une après l'autre, expriment leurs motifs divers d'amour et d'adoration. De temps en temps le chœur, comme par une sorte d'explosion, donne cours aux sentiments dont il est rempli, et toutes ces voix réunies, dans un religieux accord, ne forment plus qu'une grande voix qui monte vers Dieu.

Ecoutons :

LE CHŒUR.

Tout l'univers est plein de sa magnificence ;
Qu'on l'adore, ce Dieu, qu'on l'invoque à jamais ;
Son empire a des temps précédé la naissance ;
Chantons, publions ses bienfaits.

UNE VOIX.

En vain l'injuste violence,
Au peuple qui le loue imposerait silence ;
Son nom ne périra jamais.
Le jour annonce au jour sa gloire et sa puissance ;
Tout l'univers est plein de sa magnificence ;
Chantons, publions ses bienfaits.

UNE VOIX.

Il donne aux fleurs leur aimable peinture ;
Il fait naître et mûrir les fruits ;
Il leur dispense avec mesure,
Et la chaleur des jours et la fraîcheur des nuits.
Le champ qui les reçut les rend avec usure.

UNE VOIX.

Il commande au soleil d'animer la nature,
Et la lumière est un don de ses mains ;
Mais sa loi sainte, sa loi pure,
Est le plus riche don qu'il ait fait aux humains.

Une voix.

O mont de Sinaï ! conserve la mémoire
De ce jour à jamais auguste et renommé.
    Quand sur ton sommet enflammé,
Dans un nuage épais le seigneur enfermé,
Fit luire aux yeux mortels un rayon de sa gloire.
Dis-nous pourquoi ces feux et ces éclairs,
Ces torrents de fumée et ce bruit dans les airs,
        Ces trompettes et ce tonnerre ?
Venait-il renverser l'ordre des éléments ?
        Sur ses antiques fondements,
        Venait-il ébranler la terre ?

Une voix.

Il venait révéler aux enfants des Hébreux,
De ses préceptes saints la lumière immortelle ;
    Il venait à ce peuple heureux,
Ordonner de l'aimer d'une amour éternelle.

Le Chœur.

    O divine, ô charmante loi !
    O justice, ô bonté suprême,
Que de raisons, quelle douceur extrême,
D'engager à ce Dieu son amour et sa foi !

Est-il possible de trouver un plus charmant idéal de la poésie primitive ? Ces chants n'ont-ils pas l'air vraiment de sortir sans art de ces bouches timides de jeunes filles, d'être enfin ce que doit être avant tout la poésie, l'expansion d'un sentiment qui déborde de notre âme ?

Et d'un autre côté qu'elle preuve décisive contre ceux qui prétendent que nos chefs-d'œuvre sont au-dessus de l'intelligence, et hors de la portée de la foule !

Certes rien ne manque à ces beaux vers que vous venez d'applaudir, ni l'élévation des idées, ni la magnificence des images, ni la ravissante pureté du style.

Et pourtant quel est l'homme, si inculte qu'on le suppose, quel est l'enfant même ayant âge de raison, qui tout à l'heure aurait pu dire : « Je ne comprends pas, je ne sens pas, cela me dépasse » ?

Non. Jamais en écoutant les admirables vers de l'auteur d'Andromaque et d'Athalie, jamais bouche sincère ne dira cela.

C'est que Racine, comme tous les grands poètes d'ailleurs, n'a pas en vain le don du génie, et, comme il sait trouver et exprimer le beau, il sait nous en pénétrer tous, grands et petits, nous en pénétrer jusqu'au fond de l'âme :

A mesure que nous nous éloignons des premiers âges, la poésie n'est plus cet élan du cœur si spontané, et si naïf. Elle n'est plus seulement occupée à célébrer dans Jéhova ou Jupiter la puissance qui gouverne le monde, dans Phœbus la lumière du soleil qui ramène le printemps, qui donne la vie à toute la nature, dans Cérès et Bacchus les moissons et les vendanges, l'abondance et la joie, bienfaits des dieux ; du ciel, elle se détourne vers la terre ; elle s'intéresse d'avantage à l'homme. Tantôt elle se mêle aux fêtes, aux plaisirs, aux douleurs de sa vie domestique ; elle a des chants pour la naissance, pour les fêtes nuptiales, pour les banquets. Elle en a pour les funérailles ; elle s'afflige et pleure sur les tombeaux. Tantôt elle exprime dans un langage chaleureux et exalté l'admiration et la reconnaissance des hommes primitifs pour la force et le courage, au-dessus de la mesure ordinaire, et employés pour la sûreté ou le salut communs. Elle chante les héros dont les flèches, la lance ou la massue ont purgé la terre des monstres. Et ces monstres qu'étaient-ils ? des bêtes féroces, ou bien des brigands, terreur d'une contrée, et rendus cent fois plus effrayants par les formes et les couleurs que leur prêtait la vive imagination de ces peuples.

Si jeune que soit une société, comme elle s'est établie lentement, et à travers bien des luttes et des périls, elle a déjà un passé, des souvenirs, les éléments d'une histoire nationale, elle a vu la patrie en péril ; il lui a fallu défendre les défilés de ses montagnes, son territoire, ses murailles même contre des voisins envahissants. Elle a soutenu des combats glorieux ; elle a accru sa force et sa renommée par des expéditions lointaines, et les exploits guerriers des ayeux se redisent de génération en génération ; c'est encore la poésie qui la première s'empare de ces souvenirs, qui les orne et les embellit de fictions merveilleuses.

Chez les Grecs il y avait une classe d'hommes à part, les Rhapsodes, qui allaient de ville en ville, une branche d'olivier à la main, célébrant par des chants avidement écoutés de la foule, les héros, les guerriers illustres, les expéditions fameuses, tous les souvenirs lointains, chers à l'orgueil du peuple.

Les premiers Rhapsodes composaient eux-mêmes leurs poëmes ; mais leur art dégénéra bientôt en métier. Ils ne firent plus que s'emparer des ouvrages composés par de vrais poètes. Ils les découpaient par fragments, selon le goût de leurs auditeurs, et, pour gagner leur vie, ils récitaient ces morceaux sur les places publiques, et surtout dans les fêtes et les banquets où des hommes riches les appelaient pour récréer leurs convives.

3

Je n'ai encore parlé jusqu'ici, que d'un des trois genres principaux que comprend la poésie, le genre lyrique. La poésie lyrique était celle que les anciens improvisaient ou récitaient en s'accompagnant de la lyre et qui se reconnaît en ce qu'elle naît du souffle de l'inspiration, qu'elle est vive et courte comme l'inspiration elle-même.

Avec Homère, c'est la poésie épique ou l'épopée, que nous rencontrons ; l'épopée, œuvre de longue haleine, récit poétique d'un grand fait intéressant le patriotisme ou les croyances religieuses d'un peuple.

Homère vivait près de mille ans avant Jésus-Christ, à une époque essentiellement favorable à la poésie, parceque c'était celle de la foi naïve dans des légendes pleines de merveilleux, et où l'intervention directe des dieux dans tous les détails des événements humains était religieusement acceptée.

Selon toutes les probabilités, Homère lui-même était rhapsode. Les plus antiques traditions le représentent parcourant les îles et le continent de la Grèce, en chantant ses poésies et recevant l'obole de ceux qu'elles avaient charmés. — Au temps où il vivait, l'imagination des Hellènes était encore fortement frappée par le fait le plus mémorable de leurs annales, la guerre de Troie. Une injure à venger, l'enlèvement de la belle Hélène, femme de Ménélas, un des rois de la Grèce, par un jeune prince troyen, Paris, avait été l'occasion, je serais tenté de dire le prétexte de cette guerre. Au fond, c'était une vieille querelle nationale qui s'était vidée sous les murs de Troie, et pour les Grecs un sanglant et glorieux épisode de leur éternel conflit avec les nations de l'Orient. Leurs peuplades pauvres et d'une rudesse encore demi-barbare s'étaient attaquées à la civilisation et à l'opulence asiatiques. 1200 vaisseaux portant aux rivages troyens 100,000 guerriers attestaient que la Grèce s'était levée tout entière; et elle avait triomphé! Jamais évènement ne produisit chez une race d'hommes un ébranlement plus profond. Cette guerre, suprême élan de la nationalité la plus vivace, avait réuni dans un seul faisceau toutes les forces et toutes les passions des Grecs d'habitude divisés et se jalousant entre eux. Gloire et malheurs, tout ce qui frappe le plus l'imagination des hommes, récoltés à pleines mains dans cette expédition lointaine, étaient devenus comme le patrimoine des générations suivantes.

Sans aucun doute bien avant Homère, les Rhapsodes avaient exploité cette précieuse mine, et pris pour sujets de leurs chants les faits les plus merveilleux de cette grande aventure, il en était chez les Grecs de la guerre de Troie, comme il en fut, au moyen-âge, dans l'Europe chrétienne, des croisades, ces expéditions chevaleresques autant que pieuses pour la délivrance de Jérusalem. Elles aussi ont fait pendant des siècles l'objet des chants populaires, le motif de plus d'une épopée, et d'une foule d'œuvres dramatiques.

Homère parut, et avec le privilège du génie, il effaça toutes les œuvres éphémères de ses devanciers. Il fit sienne, pour ainsi dire, cette guerre de Troie, en la décorant de ses plus riches inventions, et en l'imprimant comme il lui plut, dans la mémoire des hommes, par ses deux poèmes immortels, l'Iliade et l'Odyssée.

Homère et son œuvre ont tenu un rang sans égal dans la littérature des anciens, et par reflet aussi dans la nôtre. L'antiquité le nommait le *divin Homère*. — C'est encore le plus grand nom devant lequel le monde lettré s'incline ,

> Et depuis trois mille ans Homère respecté
> Est jeune encore de gloire et d'immortallié.

a dit un poète du commencement de ce siècle, **J. Chénier.**

Les héros qu'il a chantés, dont il nous fait admirer ou plaindre le grand cœur, les fortes passions, les infortunes mesurées à leur gloire, ont occupé et occuperont d'âge en âge la pensée des hommes. Les types qu'il a créés resteront à jamais. Achille sera toujours la valeur héroïque; Agamemnon, l'orgueil de la puissance ; Ulysse, l'habileté politique; Nestor, la vieillesse prudente ; Hector, le cœur vaillant et dévoué à son pays ; Pénélope, la fidélité conjugale à toute épreuve : Cassandre, la voix qui avertit et que dans la prospérité l'on n'écoute point ; enfin la famille des Atrides, la colère des dieux accumulant sur une même race les malheurs et les crimes.

Je vous laisse à penser, messieurs, quel retentissement les poésies d'Homère eurent parmi ses contemporains et dans les premières générations qui suivirent, et quelle fortune ce fut pour les Rhapsodes que d'aller de ville en ville chantant des morceaux détachés avec un certain art des magnifiques épopées du grand poète.

Pendant des siècles, écouter, lire, admirer Homère, cela fit partie du patriotisme des Grecs de tout rang et de toute classe. Alexandre, ce roi de Macédoine, vainqueur des Perses et conquérant de l'Asie, avait toujours un Homère dans sa tente et sous son chevet. — Dans tous les lieux publics, et jusque dans les moindres bourgades, on récitait ses vers : les moindres citoyens les savaient par cœur... Ici, Messieurs, je fais un retour sur nous-mêmes, sur notre

peuple de France. Et je ne puis me défendre d'un certain
sentiment de tristesse. — En France, combien de millions
d'hommes qui ne savent pas même les noms de Corneille,
de Racine, de Molière, qui ne savent pas davantage ceux de
Pascal, de Fénélon, de Bossuet !

On a dit plus d'une fois, à propos des cours populaires :
« A quoi bon parler littérature à la masse inculte des travailleurs ? A quoi bon ! .. Et quand ce ne serait que pour
effacer cette tache !... Quand ce ne serait que pour faire
que notre peuple fier à bon droit du rang qu'il tient dans le
monde aie plus de souci des grands hommes, qui lui ont
conquis cette place, que du moins il apprenne ses titres de
gloire littéraire et qu'il rende quelque culte aux beaux génies
dont il possède l'héritage, nous nous aurions encore entrepris une chose bonne et utile !

Il est temps que j'arrive au troisième des genres principaux entre lesquels se partage la poésie, le genre dramatique. Ici je n'éprouverai nulle peine pour établir que cette
branche de l'art littéraire, à son origine, regardait surtout
la foule, que c'était elle qu'elle allait chercher jusque sur
les places publiques, et à qui elle prétendait plaire. Il me
suffira de citer Boileau, ce critique si sensé et qui a presque élevé le bon sens à la hauteur du génie, il me suffira,
dis-je, de montrer dans quelques vers de Boileau, quels
furent les modestes commencements du théâtre grec, et
aussi de notre théâtre national.

> La tragédie informe et grossière en naissant,
> N'était qu'un simple chœur, où chacun en dansant,
> Et du dieu des raisins entonnant les louanges,
> S'efforçait d'attirer de fertiles vendanges.
> Là, le vin et la joie éveillaient les esprits,

Du plus habile chantre un bouc était le prix.
Thespis fut le premier qui, barbouillé de lie,
Promena par les bourgs cette heureuse folie,
Et, d'acteurs mal ornés chargeant un tombereau,
Amusa les passants d'un spectacle nouveau.

. . . .

Chez nos dévots ayeux le théâtre abhorré
Fut longtemps dans la France un plaisir ignoré.
De pélerins, dit-on, une troupe grossière
En public, à Paris, y monta la première,
Et, sottement zélée en sa simplicité,
Joua les Saints, la vierge et Dieu par piété.
Le savoir, à la fin dissipant l'ignorance,
Fit voir de ce projet la dévote imprudence.
On chassa ces docteurs prêchant sans mission ;
On vit renaître Hector, Andromaque, Ilion. »

Heureusement, chez les grecs la charrette de Thespis,
chez nous les tréteaux des joueurs de mystères se changè-
rent à la longue en une scène agrandie, anoblie par des
talents de premier ordre. La tragédie et la comédie y pa-
rurent dans tout leur éclat ; mais entre les Grecs et nous,
il se produisit une différence capitale. Chez eux, le théâtre,
tout en élargissant ses proportions, tout en élevant son ton
et ses mœurs, garda le même public, c'est-à-dire la masse
des citoyens, sans aucune distinction de classes. Ce fut toujours le peuple tout entier qui se porta aux jeux scéniques,
aux tragédies d'Euripide et de Sophocle, aux comédies
d'Aristophane. Les spectacles (et ceux-là ne s'adressaient
pas grossièrement aux sens, faisaient pour ainsi dire partie
de la vie publique des Grecs ; à Athènes, non seulement la
foule savait s'intéresser à des œuvres d'élite, où les faits

historiques, les caractères et les passions étaient mis en jeu avec un art consommé, mais, chose à peine croyable pour les hommes de nos jours, à certaines époques solennelles des concours s'ouvraient entre les poètes dramatiques, afin de marquer entre eux les rangs, afin d'accorder la prééminence à telle ou telle pièce de théâtre ; et le juge de ces concours, c'était le peuple, c'était tout le monde ; et il ne venait pas à la pensée du plus simple artisan d'Athènes que ce rôle de juge, en fait d'art dramatique et de poésie, fût au dessus de sa condition et de son intelligence.

En France, au contraire, et chez toutes les nations modernes, quand l'art dramatique fut vraiment trouvé, qu'il fut illustré et consacré par des chefs-d'œuvre, ce ne fut pas le moins du monde au profit des classes laborieuses. Pour elles, il resta toujours des tréteaux, exhaussés et décorés sans doute avec une certaine prétention, mais où elles ne trouvèrent pour aliment de leur esprit que des farces triviales ou des drames faux, excessifs, pleins d'enflure. — Le vrai théâtre, celui où l'on représentait les pièces dont la littérature nationale s'honore le plus, fut comme exclusivement réservé à ceux qui avaient fait des études classiques et qui étaient à un certain point familiers avec les lettres anciennes. — Nos mœurs, d'ailleurs, exigeaient, pour le fréquenter, certaines conditions d'habitudes et de tenue élégantes qui le rendaient inabordable à la foule. Ce fut grand dommage. Même les spectacles publics ne rapprochèrent plus les différentes classes de citoyens. Les moins favorisés, ne lisant pas, ignorant absolument les œuvres des grands maîtres, n'assistant jamais aux fêtes de l'intelligence, n'eurent ni stimulants, ni modèles pour relever et épurer leur goût, et finirent par tomber dans une torpeur profonde.

Je me suis beaucoup étendu sur cette première branche

de la littérature, la poésie, et j'ai pris quelques soins pour montrer ses origines populaires. J'avais pour cela d'assez bonnes raisons.

La poésie est comme l'essence du génie littéraire ; c'en est le joyau le plus précieux et qui ne se trouve pas dans le commerce vulgaire. Aussi arrive-t-il qu'aux époques où l'esprit positif s'est fait une large place, elle étonne, elle offusque bien des gens, comme trop désintéressée, comme trop distinguée de ton et d'allure et presque trop fière. Si cependant je l'ai montrée, cette poésie, dans les sociétés naissantes, familière aux hommes les plus simples, aimée de la foule, aidant les uns à se bercer des premiers rêves de leur imagination, les autres à traduire les premiers mouvements de leur cœur, par cela seul j'ai montré que la littérature, même dans sa plus haute expression, n'a rien qui dépasse la portée de toute intelligence saine, fut-elle demeurée inculte ; et la meilleure part de ma tâche est remplie.

Pourtant je tiens à rendre ma démonstration plus complète, et je vais rapidement examiner, au même point de vue, l'histoire, l'art oratoire, la philosophie, ces autres parties du domaine des lettres.

L'histoire, je l'ai déjà indiqué plus haut, est contemporaine de la poésie. Longtemps même elles ont été comme inséparables. On les retrouve ensemble occupées à charmer l'enfance des peuples. Il est dans la nature de l'esprit humain de se plaire aux récits. Même dans la pleine maturité des sociétés, toujours l'homme prend un vif intérêt aux faits, aux caractères historiques, aux mobiles qui ont fait agir les personnages de ces grands drames, à l'influence qu'ils ont eue sur les destinées du monde. Qu'une plume habile, ou mieux encore, qu'une parole élevée et entraînante déroule devant nous les annales des peuples, nous sommes fortement attirés et captivés.

Mais c'est dans les sociétés jeunes que le goût des récits, et la naïve curiosité de ceux qui écoutent, sont portés au plus haut point. Plus les hommes sont simples, plus l'histoire a de prise sur eux. Nous, qui ne sommes pas d'une époque primitive, nous voyons cela tous les jours. Dans nos villages, quel est l'homme si inculte qu'il soit, qui, aux heures du repos, n'écoute avidement les vétérans de nos grandes guerres racontant leurs campagnes? Partout, le travailleur intelligent, s'il sait seulement lire, pour sujet de ses lectures recherchera, sous une forme, ou sous une autre, tout ce qui a trait à ces événements si grandioses qui depuis 89 se déploient dans le monde sous l'impulsion de l'idée française. Nos annales, pendant le prodigieux quart de siècle qui comprend la Révolution et l'Empire, c'est l'Iliade de notre peuple :

Et l'éloquence, Messieurs, l'art de bien parler, l'éloquence dont le but est de toucher, de remuer la fibre humaine, dont le suprême mérite est de persuader et d'entraîner des assemblées, des foules d'hommes, a-t-elle attendu pour se produire que le cours des siècles ait amené une civilisation pleine de complications et de raffinements? Pour résoudre cette question, il n'est pas besoin de grandes recherches historiques. L'art de parler s'est développé en même temps que la famille humaine. Dès qu'il y a eu quelques tentes dressées et abritant une tribu, il y a eu des orateurs. On en a bien trouvé chez les peaux rouges de l'Amérique, on en trouve bien encore chez les sauvages de l'Océanie. Cela se conçoit aisément. Vivre en société, avoir avec d'autres hommes des intérêts communs, le besoin d'une action commune,

cela entraîne, la nécessité de s'assembler, de délibérer, d'arrêter des résolutions. — Y a-t-il quelque guerre déclarée? il
faut enflammer l'âme des combattants ; il faut, à l'occasion,
relever leur courage, leur montrer le prix de leur sefforts,de
leur persévérance. — A l'intérieur de la tribu, l'esprit de
chicane, les passions, le crime même, vieux comme le monde,
ne tarderont pas à rendre nécessaires des tribunaux, des
voix accusatrices et le droit de la libre défense. — Ne
voilà-t-il pas déjà, Messieurs, les germes de l'éloquence
judiciaire, militaire, politique? — Et la plupart du temps,
à qui s'adresse l'orateur? — Au grand nombre, à la foule.
Et la foule, plus instinctive que les hommes d'étude et de
science, est précisément l'auditoire qu'il lui faut. Quoiqu'illet-
trée, elle est toujours avide d'entendre une belle parole,
quoique mobile et souvent ombrageuse, elle est toujours
prête, sur le forum, dans la basilique, à subir sur le champ
de bataille l'ascendant d'une voix éloquente.

Enfin, pour épuiser mon sujet, je veux dire aussi quelques mots de la philosophie.

S'il y a des esprits peu disposés à me concéder les origines
populaires des lettres, je me figure que c'est ici qu'ils m'at-
tendent. — Eh bien ! je leur donne à l'instant même gain
de cause. Non. Il ne m'a pas été possible de découvrir à
une époque quelconque la philosophie dans les sentiers
battus que suit le grand nombre.

Mais aussi était-il bien rationnel de faire de la philosophie une branche de la littérature? Quoi, cette science si
haute, qui s'occupe essentiellement de l'âme et de Dieu,
ce serait un art, quelque chose d'analogue au talent de
parler, au talent d'écrire en vers ou en prose! L'usage n'a-
t-il point fait là quelque confusion ?

Il y a bien longtemps, je le sais, qu'on a rangé la philosophie dans le domaine des lettres où elle fait une assez étrange figure ; mais c'est qu'il paraissait plus singulier encore de la mettre au rang des choses positives, de la classer parmi les sciences exactes. — Le vrai, à mon sens, c'est qu'elle méritait à elle seule de remplir tout un cadre, puisqu'à elle seule elle forme tout un groupe de sciences, le groupe des sciences morales.

La philosophie, dans ses hautes sphères, alors qu'elle agite les plus difficiles problêmes, évidemment n'est accessible qu'aux hommes doués d'assez de force d'attention et riches d'assez de loisirs pour se livrer à des études abstraites, à l'observation patiente des phénomènes intérieurs. — Pourtant il y a un côté de la philosophie — et je suis bien aise d'en toucher quelques mots en passant — qui me semble tout ouvert aux âmes les plus simples, et pour lequel, dans nos sociétés chrétiennes, elles sont bien préparées, je veux dire, la morale, la science des devoirs. De ce côté point d'abstractions, point d'obscurités, point de tâtonnements pénibles, — il ne s'agit que d'aller droit devant soi, avec le meilleur des guides la conscience qui nous dit sûrement ce qui est bien et ce qui est mal.

« Se respecter soi-même, avoir soin de sa dignité morale, ménager ses facultés et ses forces, bien ordonner sa vie ;

» Respecter dans la femme l'être faible, l'être aimant et dévoué, la mère de famille ;

» Respecter dans l'enfant sa candeur, son âme qui reçoit et qui garde toutes les empreintes, son avenir que l'éducation peut faire heureux ou détestable ;

» Ne s'écarter jamais dans le commerce avec les autres hommes de ces deux saintes règles : Vérité, justice, — et ne pas craindre d'y ajouter la bonté serviable et la bienveillance qui fait le charme des relations sociales. »

Voilà à peu près le résumé de la morale, si je ne me trompe.

Eh bien ! ici encore, n'ai-je pas le droit de dire que pour comprendre, il n'est pas besoin d'être un grand clerc? Un cœur droit et le plus simple bon sens, heureusement, y suffisent. Et la meilleure preuve, n'est-ce pas ces travailleurs de plus en plus nombreux qui savent le prix d'un intérieur en bon ordre, d'une vie bien rangée, de la paix de famille, du concours du mari et de la femme pour l'honnête éducation des enfants, et qui de jour en jour s'élèvent, grâce à Dieu, en intelligence, en dignité et en bien-être?

J'ai fini ; et j'espère avoir approché du but. Il me semble du moins que j'ai suffisamment établi que par leur origine comme par leur nature, les arts, les lettres, les sciences morales aussi, loin de dépasser la portée du grand nombre, sont expressément faits pour lui, appropriés à ses besoins, prédestinés à lui assurer un sort meilleur et une moralité plus haute.

Imprimerie L. Crépin, 32, rue des Procureurs, à Douai.

DOUAI. — IMP. L. CRÉPIN.

www.ingramcontent.com/pod-product-compliance
Lightning Source LLC
LaVergne TN
LVHW021659080426
835510LV00011B/1475

...FÉRENCES POPULAIRES
...L'ASILE IMPÉRIAL DE VINCENNES
SOUS LE PATRONAGE
DE S. M. L'IMPÉRATRICE

DES ERREURS

ET DES

PRÉJUGÉS POPULAIRES

PAR

CH. WADDINGTON

Agrégé de la Faculté des lettres de Paris
Correspondant de l'Institut

PARIS

LIBRAIRIE DE L. HACHETTE ET Cᵉ

BOULEVARD SAINT-GERMAIN, Nᵒ 77

1866

Prix : 25 centimes